全国中等职业学校会计专业教材

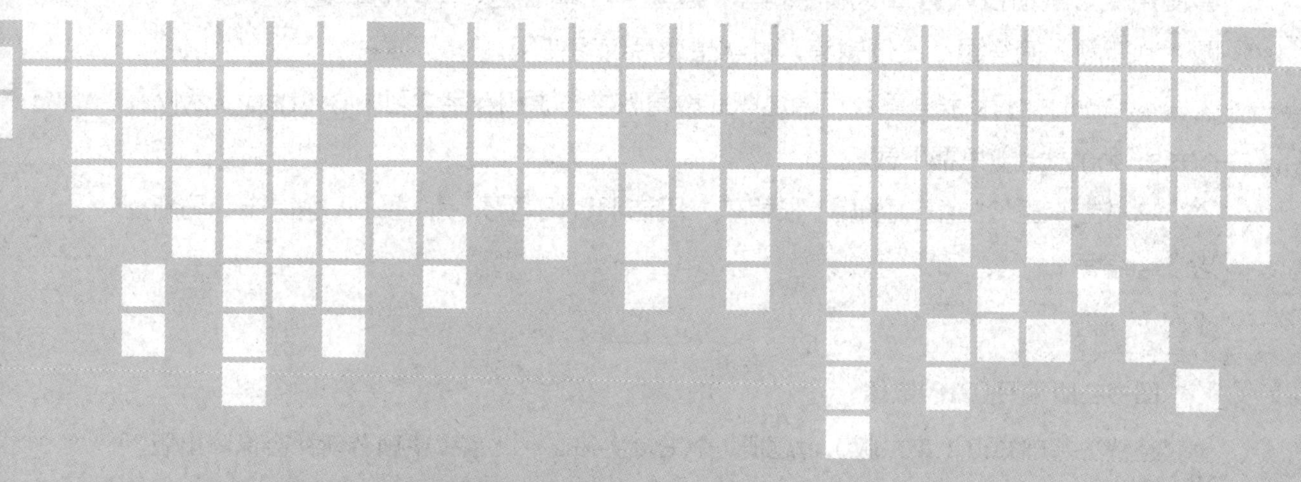

（第2版）

经济法基础知识习题册

李玉玲 主编

中国劳动社会保障出版社

简 介

本习题册与全国中等职业学校会计专业教材《经济法基础知识（第二版）》配套使用。习题册按教材章的顺序编写，题型包括填空题、单项选择题、多项选择题、判断题、简答题、案例题等，供学生课后练习使用。

本习题册配有参考答案，可通过职业教育教学资源和数字学习中心（http://zyjy.class.com.cn）免费下载。

本书由李玉玲主编，孙璇、张朝东、段洁羽、田慧琴、张建红、徐锡志、马新芝参与编写。

图书在版编目（CIP）数据

经济法基础知识（第二版）习题册 / 李玉玲主编. -- 北京：中国劳动社会保障出版社，2018

全国中等职业学校会计专业教材

ISBN 978-7-5167-3690-6

Ⅰ. ①经… Ⅱ. ①李… Ⅲ. ①经济法－中国－中等专业学校－习题集 Ⅳ. ① D922.29-44

中国版本图书馆 CIP 数据核字（2018）第 216725 号

中国劳动社会保障出版社出版发行

（北京市惠新东街 1 号 邮政编码：100029）

*

三河市华骏印务包装有限公司印刷装订 新华书店经销

787 毫米 ×1092 毫米 16 开本 3.5 印张 80 千字

2018 年 9 月第 1 版 2024 年 5 月第 6 次印刷

定价：7.00 元

营销中心电话：400-606-6496

出版社网址：http://www.class.com.cn

http://jg.class.com.cn

目　录

第一章　经济法概述

一、填空题

1．经济法是调整国家在管理和协调__________________________的法律规范的总称。

2．经济法具有国家意志性、__________、__________、指导性、综合性等特征。

3．把__________________直接规定为法律，主要运用具有经济内容的奖惩手段是经济法的________。

4．取得法人资格需要同时具备的条件包括依法成立，______________，有独立的名称、组织机构和活动场所，________________________。

5．经济法主体享有的权利和应承担的义务所共同指向的对象是______________。

6．法律事实是联结主体、客体、内容的________，也是产生、变更和解除三要素以及司法审判的_______。

二、单项选择题

1．经济法是（　　）的必然产物。

A．计划经济　　B．市场经济
C．自然经济　　D．混合经济

2．下列选项中能够成为经济法律关系主体的是（　　）。

A．向同学借钱的丁一　　B．向父母借钱的丁二
C．向老师借钱的丁三　　D．向信用社借钱的丁四

3．在我国法律体系中具有最高法律效力的是（　　）。

A．国际条约或协定　　B．宪法
C．法律　　D．法规

4．经济法律关系的核心要素是（　　）。

A．经济权力　　B．人身权
C．财产权　　D．经济权利

5．经济法律关系中的权利人是（　　）。

A．国家机关　　B．不确定的
C．当事人双方　　D．当事人某一方

6．下列选项中不是法人的是（　　）。

A．某有限责任公司　　B．某合伙企业
C．某医院　　D．某消费者协会

7．法律事实中最为普遍的是（　　）。

A．当事人的行为　　B．国家的行为
C．自然灾害　　D．社会动乱

三、多项选择题

1. 下列社会关系中属于经济法调整对象的有（　　）。

A. 甲借乙 500 元钱不还　　B. 乙无故被老板辞退

C. 乙在商场购买到劣质商品　　D. 乙的车旅途中被丙撞坏

2. 丁一向银行借钱时，其具有的权利包括（　　）。

A. 向银行咨询贷款利率　　B. 向银行提供担保

C. 按期还款　　D. 在合同议定范围内自主使用该款项

3. 丁一向银行所借款项未按期偿还，下列选项中可作为免责的法律事实有（　　）。

A. 钱款被其不慎丢失　　B. 钱款被他人借走

C. 地震使其企业的经营受到影响　　D. 银行在地震中遭到毁坏

4. 假定王某具有完全民事行为能力，那么其在法定范围内的经济权利有（　　）。

A. 做某种行为　　B. 不做某种行为

C. 要求他人做或不做某种行为　　D. 请求司法保护

5. 企业在经营活动中（　　）。

A. 有权利，无义务　　B. 无权利，有义务

C. 有权利，有义务　　D. 权利、义务对等

6. 学校中的某个班级不能称为法人，这是因为（　　）。

A. 没有独立财产　　B. 学生年龄太小

C. 不能独立承担民事责任　　D. 不从事经营活动

7. 甲、乙、丙等 7 人想创办一家公司，必须具备的条件有（　　）。

A. 到工商行政管理部门核准登记

B. 租用 2 000 平方米的办公场所

C. 工作人员中有一名硕士或博士研究生

D. 筹集到 100 万元的资金

8. 某公司员工赵某在享受休息、获得报酬的同时应尽的义务有（　　）。

A. 努力工作　　B. 遵守公司纪律

C. 不损害公司利益　　D. 违规、违约时接受处罚

四、判断题

1. 经济基础决定和制约经济法律的内容及其变动。（　　）
2. 各级人民代表大会及其常务委员会所制定的法律法规的地位和效力相同。（　　）
3. 权利和义务是互相依存的。（　　）
4. 只有权利没有义务的法律关系是不存在的。（　　）
5. 市场经营活动主体的经济权利主要是经济管理权。（　　）
6. 有独立的财产即可成为法人。（　　）
7. 经济权利是法律赋予法律关系主体的一种资格。（　　）
8. 完善的法制是市场经济的必备条件。（　　）
9. 随着市场经济的不断发展会不断有新的法律法规产生。（　　）
10. 经济法调整经济关系是把企业的利益放在首位。（　　）

五、简答题

1. 我国的计划经济时期与市场经济时期消费品供求有哪些不同？

2. 我国的经济法律体系包括哪些组成部分？

3. 经济法调整的对象都有哪些？

4. 经济法律关系由哪些要素构成？

5. 简述法律事实的类型和作用。

六、案例题

1. 张永为其经营的企业投保了企业财产险，在保险期内，张永为了周转资金，经保险公司同意继续承保后，将其企业转让给了王明清。

问题：该案例中的主体、客体、内容三要素分别是什么?

2. 赵某于 2017 年 1 月 1 日受聘于某大型超市从事收银员工作，同年 3 月 30 日，双方签订合同。该合同明确了赵某的工作岗位、劳动报酬和社会保险等内容，但未约定劳动终止期限。之后该超市为赵某办理了社会保险，并按月支付基本工资。但 2018 年 9 月双方解除合同关系时，该超市没有按照合同约定给赵某支付奖金和节假日加班的劳动报酬，赵某与超市相关部门协商后仍然没有拿到这部分报酬。

问题：

（1）赵某可以向哪个部门反映自己的事情?

（2）赵某能否直接到人民法院起诉?

（3）赵某要想获得法律支持应该注意哪些问题?

第二章　个人独资企业与合伙企业法律制度

一、填空题

1．企业是指依法设立的以______为目的的从事生产经营活动的独立核算的经济组织。

2．按企业投资者责任的不同，可将企业分为________、________和公司制企业等。

3．按企业法律地位的不同，可将企业分为________和__________等。

4．个人独资企业是指在中国境内依法设立的，由____________投资，财产为投资人个人所有，投资人以其个人财产对企业债务承担__________责任的经营实体。

5．申请设立个人独资企业，应由投资人或者其委托的代理人向____________的登记机关提出设立申请。

6．个人独资企业使用的名称与其在登记机关登记的名称不相符合的，责令限期改正，处以______元以下的罚款。

7．合伙企业分为______________和______________。

8.《合伙企业法》是调整因合伙企业______、经营、______、解散等活动形成的合伙关系的法律规范的总称。

9．合伙人可以用________、________、知识产权、土地使用权或者其他财产权利出资，也可以用劳务出资，这些出资形成合伙企业的原始财产。

10．未领取营业执照，而以合伙企业或者合伙企业分支机构名义从事合伙业务的，由企业登记机关责令停止，处以________元以上________元以下的罚款。

二、单项选择题

1．下列关于个人独资企业法律特征的表述符合《个人独资企业法》法律制度规定的是（　　）。

A．个人独资企业没有独立承担民事责任的能力

B．个人独资企业不能以自己的名义从事民事活动

C．个人独资企业具有法人资格

D．个人独资企业的投资人对企业债务承担有限责任

2．下列人员可以作为投资人申请设立个人独资企业的是（　　）。

A．待业人员　　B．国家公务员

C．法官　　D．商业银行工作人员

3．个人独资企业投资人甲聘用乙管理企业事务，同时对乙的职权予以限制，凡乙对外签订标的额超过 1 万元的买卖合同，须经甲同意。某日，乙未经甲同意与善意第三人丙签订了一份标的额为 3 万元的买卖合同。下列关于该合同效力的表述中，正确的是（　　）。

A．该合同有效，但如果给甲造成损害，由乙承担民事赔偿责任

B．该合同无效，如果给甲造成损害，由乙承担民事赔偿责任

C．该合同为可撤销合同，可请求人民法院予以撤销

D．该合同无效，经甲追认后有效

4．某个人独资企业由王某以个人财产出资设立，后该企业因经营不善被解散，而王某的财产不足以清偿所欠债务。那么，对尚未清偿的债务，下列处理方式中符合规定的是（　　）。

A．不再清偿

B．以王某的其他财产予以清偿，仍不足清偿的，则不再清偿

C．以王某的家庭共有财产予以清偿，仍不足清偿的，则不再清偿

D．债权人在企业解散后 5 年内未提出偿债请求的，王某不再承担清偿责任

5．甲投资设立乙个人独资企业，委托丙管理企业事务，授权丙可以决定 10 万元以下的交易。丙以乙企业的名义向丁购买 15 万元的商品，丁不知甲对丙的授权限制，依约供货，后乙企业未按期付款，由此发生争议。下列表述中符合法律规定的是（　　）。

A．乙企业向丁购买商品的行为有效

B．丙仅对 10 万元以下的交易有决定权，乙企业向丁购买商品的行为无效

C．甲向丁出示给丙的授权委托书后，可不履行付款义务

D．甲向丁出示给丙的授权委托书后，付款 10 万元，其余款项丁只能要求丙支付

6．关于合伙企业分配利润时，如合伙协议未作约定且合伙人协商不成，下列选项中正确的是（　　）。

A．应当由全体合伙人平均分配

B．应当由全体合伙人按实缴出资比例分配

C．应当由全体合伙人按合伙协议约定的出资比例分配

D．应当按合伙人的贡献大小决定如何分配

7．孙某是某普通合伙企业的合伙人，因车祸成为植物人，被人民法院依法宣告为无民事行为能力人，其他合伙人不同意将其转为有限合伙人，则孙某属于（　　）。

A．通知退伙　　B．自然退伙

C．协议退伙　　D．除名退伙

8．普通合伙企业中，新合伙人入伙时，应当经（　　）同意并依法订立书面入伙协议。

A．半数以上的合伙人　　B．全体合伙人

C．2/3 以上的合伙人　　D．合伙事务执行人

9．除合伙协议另有约定外，在普通合伙企业存续期间，（　　）不必经全体合伙人一致同意。

A．合伙人之间转让其在合伙企业中的财产份额

B．以合伙企业名义为他人提供担保

C．聘任合伙人以外的人担任合伙企业的经营管理人员

D．处分合伙企业的不动产

10．关于合伙事务执行中的对外代表权，下列说法错误的是（　　）。

A．由全体合伙人共同执行合伙企业事务的，全体合伙人都有权对外代表合伙企业

B．由部分合伙人执行合伙企业事务的，不参加执行合伙企业事务的合伙人不具有对外代表合伙企业的权利

C．由于特别授权在单项合伙事务上有执行权的合伙人，依照授权范围可以对外代表合伙企业

D．取得合伙企业对外代表权的合伙人执行合伙事务所产生的亏损由该合伙人承担

11. 下列关于合伙企业的说法正确的是（　　）。

A. 采用合伙制的律师事务所不适用《合伙企业法》的规定

B. 合伙企业的合伙人只能是自然人

C. 合伙协议自合伙企业成立之日起生效

D. 合伙协议依法由全体合伙人协商一致、以书面形式签订

三、多项选择题

1. 根据《个人独资企业法》的规定，下列选项中可以作为个人独资企业名称的有（　　）。

A. 大学生纺织品有限公司　　B. 新一代化妆品经销公司

C. 翠花服装设计中心　　D. 霞光婚纱摄影工作室

2. 设立个人独资企业需具备的要件包括（　　）。

A. 投资人为一个自然人　　B. 有合法的企业名称

C. 有投资人申报的出资　　D. 注册资本

3. 根据《个人独资企业法》的规定，下列选项中属于个人独资企业应当解散的情形有（　　）。

A. 投资人死亡，继承人决定继承　　B. 投资人决定解散

C. 投资人被宣告死亡，无继承人　　D. 被依法吊销营业执照

4. 下列关于个人独资企业事务管理的表述正确的有（　　）。

A. 投资人不能聘用他人管理企业事务

B. 投资人可以聘用他人管理企业事务

C. 投资人对受托人职权的限制不得对抗善意第三人

D. 投资人对受托人职权的限制不得对抗恶意第三人

5. 根据《合伙企业法》的规定，下列关于普通合伙企业的说法错误的有（　　）。

A. 合伙人为自然人的，可以是限制民事行为能力人

B. 利润分配和亏损分担办法是合伙协议应该记载的事项

C. 合伙企业解散清算委托第三人担任清算人的，需要经全体合伙人一致同意

D. 合伙人之间约定的合伙企业亏损的分担比例对合伙人和债权人均有约束力

6. 下列选项中可以设立普通合伙企业的有（　　）。

A. 1个具有完全民事行为能力的自然人

B. 10个具有完全民事行为能力的自然人

C. 1个具有完全民事行为能力的自然人和1个法人型企业

D. 9个具有完全民事行为能力的自然人和1个不具有完全民事行为能力的自然人

7. 根据《合伙企业法》的规定，在合伙企业存续期间，下列行为中必须经全体合伙人一致同意的有（　　）。

A. 以合伙企业的名义为他人提供担保

B. 合伙人向合伙人以外的人转让其在合伙企业中的财产份额

C. 合伙人以其在合伙企业中的财产份额出质

D. 执行合伙企业事务的合伙人向企业登记机关申请办理变更登记手续

8. 根据《合伙企业法》的规定，下列关于合伙人利润分配和亏损分担的表述正确的

有（　　　　）。

A．按照合伙企业协议的约定办理

B．合伙协议未约定或者约定不明确的，由合伙人协商办理

C．合伙协议未约定或者约定不明确，并且合伙人又协商不成的，由合伙人按照出资比例分配、分担

D．合伙协议未约定或者约定不明确，并且合伙人又协商不成，无法确定出资比例的，由合伙人平均分配、分担

9．甲向乙借款5万元作为出资，与他人合伙设立了一家食品加工厂。借款到期后，乙要求甲偿还借款，甲个人财产不足以清偿。则下列关于偿还借款的方式正确的有（　　　　）。

A．甲用从食品厂取得的收益偿还借款

B．甲自行将自己在食品厂的财产份额转让给乙，以抵销借款

C．甲自行将自己在食品厂的财产份额出质取得借款用于偿还借款

D．乙请求人民法院强制执行甲在食品厂的财产份额用于偿还借款

10．甲、乙、丙为某合伙企业的合伙人。该合伙企业向丁借款12万元，甲、乙、丙之间约定，如果到期合伙企业无力偿还该借款，甲、乙、丙各自负责偿还4万元。借款到期时，该合伙企业没有财产向丁清偿。下列关于该债务清偿表述正确的有（　　　　）。

A．丁有权直接向甲要求偿还12万元

B．只有在甲、乙确实无力清偿的情况下，丁才有权要求丙偿还12万元

C．乙仅负有向丁偿还4万元的义务

D．丁可以根据各合伙人的实际财产情况，要求甲偿还7万元，乙偿还4万元，丙偿还1万元

11．赵某、钱某、孙某、李某共同投资设立了一家有限合伙企业，其中赵某、钱某为普通合伙人，孙某、李某为有限合伙人。后因该合伙企业长期拖欠供货商货款，企业资产不足以清偿到期债务。依照我国相关法律的规定，下列选项正确的有（　　　　）。

A．债权人可以根据企业破产法申请该合伙企业破产

B．债权人可以要求任一合伙人清偿全部债务

C．债权人只能要求赵某、钱某清偿全部债务

D．如果该合伙企业被宣告破产，则赵某、钱某仍需承担无限连带责任

12．根据相关法律规定，（　　　　）不得作为个人独资企业的投资人。

A．警察　　　　B．公务员

C．法官　　　　D．党政机关干部

13．合伙企业设立的条件是（　　　　）。

A．有两个以上的合伙人　　　　B．有企业名称和经营场所

C．有合伙人认缴或者实际缴付的出资　　D．有书面合伙协议

四、判断题

1．合伙企业的合伙人退伙后，对原企业的债务不承担责任。（　　）

2．个人独资企业投资人对本企业的财产依法享有所有权。（　　）

3．个人独资企业的营业执照签发日期为个人独资企业成立日期。（　　）

4．新合伙人对入伙前的债务不承担责任。（　）

5．普通合伙人转变为有限合伙人的，对其作为普通合伙人期间合伙企业发生的债务承担无限连带责任。（　）

6．个人独资企业解散后，其财产不足以清偿债务的，投资人应当以其个人的其他财产予以清偿，仍不足清偿的，投资人应当以其家庭共有财产予以清偿。（　）

7．个人独资企业投资人对被聘用人员职权的限制不得对抗善意第三人。（　）

8．个人独资企业投资人在申请企业设立登记时，未明确以其家庭共有财产作为个人出资的，在个人独资企业财产不足以清偿债务时，可不以其家庭共有财产对企业债务承担无限责任。（　）

9．注册会计师甲、乙、丙共同出资设立了一家合伙制会计师事务所，其中甲、乙为普通合伙人，丙为有限合伙人。甲、乙在某次审计业务中，因出具虚假审计报告造成会计师事务所负债80万元。对该笔债务，甲、乙应该承担无限连带责任，丙应该以其在会计师事务所中的财产份额为限承担责任。（　）

10．合伙人死亡或者被依法宣告死亡的，按照合伙协议约定或经全体合伙人一致同意，其合法继承人从继承开始之日起取得该合伙企业的合伙人资格。（　）

11．在合伙企业存续期间，合伙人可以随时请求分割合伙企业的财产。（　）

五、简答题

1．企业法的适用范围有哪些？

2．简述个人独资企业的设立条件及其权利和义务。

3．合伙企业的种类及其主要区别都有哪些？

4．合伙企业的设立应具备哪些条件？

5．简述合伙人在合伙企业中的权利和义务。

6．合伙企业的盈利或亏损在合伙人中应如何分配或分担？

六、案例题

1．甲是某校市场营销专业的学生，在营销策划方面颇为精通，在校期间就通过勤工俭学实现了经济独立。毕业后，甲利用自己积攒的资金，在工商行政管理部门注册成立了一家以营销策划咨询为主要业务的个人独资企业，注册资本为人民币 1 万元。营业初始两个月的业绩良好，被乙有限责任公司看中，遂与甲协商参与该独资企业的投资经营，投资 50 万元人民币。经营过程中先后共雇用工作人员 6 名，甲认为自己开办的是私人企业，所以没有给这些员工办理社会保险。后该企业经营不善，负债 50 万元，甲决定自行解散企业。

问题：

（1）该独资企业的负债，债权人可否以甲家庭的共有财产存在而求偿？为什么？

（2）该独资企业的注册资本是否合法？为什么？

（3）该独资企业允许另一家公司投资、共同经营的行为是否合法？为什么？

（4）该独资企业是否应当为员工办理社会保险？为什么？

（5）甲自行解散该独资企业的行为是否有效？为什么？

2. 2012 年 3 月，甲、乙、丙三人创办了合伙企业，甲出资 5 万元，乙出资 3 万元，丙以劳务出资，合伙协议约定三人共同管理企业。2015 年 5 月，甲欲把自己的一部分财产份额转让给丁，乙同意，但丙不同意并提出退伙，最后甲、乙同意丙退伙、丁入伙。此时，该合伙企业欠华阳公司货款 5 万元未还。2015 年 10 月，甲私自以合伙企业名义为江河公司的 6 万元贷款提供担保。2017 年 8 月，由于经营不善，该合伙企业宣告解散，且负债 7 万元无法清偿。

问题：

（1）丁认为欠华阳公司的 5 万元是自己入伙前发生的，自己不应该承担责任，他的看法对吗？

（2）丙认为自己已于 2015 年 5 月退伙，合伙企业的债务与自己无关，他的看法对吗？

（3）如果江河公司没有按期偿还银行贷款，银行是否可以要求该合伙企业承担责任？

（4）其他合伙人是否可以将私自以公司名义为他人提供担保的甲从合伙企业除名？

（5）在合伙企业清算后，华阳公司、贷款银行和该合伙企业的债权人认为乙个人资金雄厚，要求其负责全部债务的清偿，这些债权人的要求是否能够得到支持？

第三章　公司法律制度

一、填空题

1. 决定公司的经营方针和投资计划是有限责任公司________的职权。

2. 有限责任公司董事会的成员为________人。

3. 股份有限公司董事会的成员为________人。

4. 股票按照股东权利和义务，可分为______和______。

5. 公司违反《公司法》规定，在法定的会计账簿以外另立会计账簿的，由________以上人民政府财政部门责令改正，处以______以上______以下的罚款，构成犯罪的依法追究刑事责任。

二、单项选择题

1. 股东对公司债务承担无限连带责任的公司属于（　　）。

A. 无限责任公司　　B. 股份有限公司

C. 有限责任公司　　D. 股份无限公司

2. 设立股份有限公司，其发起人为（　　）人。

A. 5 ~ 100　　B. 2 ~ 200

C. 5 ~ 200　　D. 2 ~ 100

3. 根据《公司法》的规定，下列不属于有限责任公司监事会职权的是（　　）。

A. 检查公司财务　　B. 解聘公司财务负责人

C. 提议召开临时股东会会议　　D. 建议罢免违反公司章程的经理

4. 某有限责任公司的股东甲拟向股东以外的乙转让其出资，则下列关于甲转让出资的表述中符合《公司法》规定的是（　　）。

A. 甲可以将其出资转让给乙，无须经其他股东同意

B. 甲可以将其出资转让给乙，但须通知其他股东

C. 甲可以将其出资转让给乙，但须全体股东过半数同意

D. 甲可以将其出资转让给乙，但须全体股东人数的 2/3 同意

5. 股份有限公司每年召开一次股东大会，会议召开的时间、地点和审议的事项应于会议召开（　　）日前通知各股东。

A. 20　　B. 30

C. 45　　D. 60

6. 下列有关股份有限公司股票发行的表述不符合《公司法》规定的是（　　）。

A. 股票发行必须同股同价

B. 股票发行价格可以低于票面金额

C. 向发起人发行的股票，应当为记名股票

D. 向法人发行的股票，应当为记名股票

7. 有限责任公司的股东人数不得超过（　　）人。

A．50　　B．200

C．5　　D．10

8．根据《公司法》的规定，代表（　　）以上表决权的股东可以提议召开临时股东大会。

A．1/3　　B．1/5

C．1/10　　D．3/100

三、多项选择题

1．《公司法》规范和调整的公司有（　　）。

A．有限责任公司　　B．无限责任公司

C．两合公司　　D．股份有限公司

2．公司章程对（　　）具有普遍的约束力。

A．公司　　B．股东

C．董事　　D．监事

3．有限责任公司股东的出资方式有（　　）。

A．货币　　B．实物

C．工业产权　　D．土地使用权

4．下列人员中不得兼任监事的有（　　）。

A．董事　　B．技术负责人

C．经理　　D．财务负责人

5．有限责任公司股东会会议行使的职权有（　　）。

A．决定公司的经营方针和投资计划　　B．提出公司利润分配方案

C．修改公司章程　　D．审议批准公司的年度财务预算方案

6．下列人员中可以提议召开有限责任公司临时股东会会议的有（　　）。

A．董事长　　B．1/3 以上的董事

C．1/3 以上的监事　　D．代表 1/10 以上表决权的股东

7．下列项目中属于股份有限公司股东大会职权的有（　　）。

A．决定公司的经营方针和投资计划　　B．决定公司的经营计划和投资方案

C．对发行公司债券作出决议　　D．决定公司内部管理机构的设置

8．股份有限公司申请其股票上市时，必须符合的条件有（　　）。

A．股票经国务院证券监督管理机构核准已公开发行

B．公司股本总额不少于人民币 3 000 万元

C．公司发行的股份达到公司股份总数的 25% 以上，公司股本总额超过人民币 4 亿元的，公开发行股份的比例为 10% 以上

D．公司最近 3 年内无重大违法行为，财务会计报告无虚假记载

9．下列有关一人有限责任公司的表述中，不符合《公司法》制度规定的是（　　）。

A．股东只能是一个自然人

B．一人有限责任公司的股东应对公司债务承担无限连带责任

C．财务会计报告应当经会计师事务所审计

D．一人有限责任公司应设股东会

10．根据《公司法》规定，下列由股份有限公司股东大会作出的决议中必须经代表 2/3

以上表决权的股东通过的有（　　　　）。

A．对股东转让出资作出决议　　　　B．对公司合并、分立或者解散作出决议

C．对修改公司章程作出决议　　　　D．对公司发行债券作出决议

四、判断题

1．外商投资企业不适用于我国《公司法》。（　　）

2．董事长因特殊原因不能履行职务的，由董事长指定的人代理主持。（　　）

3．股东出席股东大会，每一个股东享有一票表决权。（　　）

4．股票发行的价格可按票面金额发行，但不可以低于票面金额发行。（　　）

5．公司不得接受以本公司的股票作为质押权的标的。（　　）

6．清算组应当自成立之日起10日内通知债权人，并于60日内在报纸上至少公告3次。（　　）

7．记名债券和无记名债券相同，只需由债券持有人在依法设立的证券交易所将要转让的债券交付给受让人，即发生法律转让效力。（　　）

8．在发生公司合并时，合并公司各方的债权、债务全部由合并后存续的公司或新设的公司承继。（　　）

9．国家公务员不得兼任公司的董事、监事或经理。（　　）

10．公司债券的转让价格由转让人与受让人约定。（　　）

五、简答题

1．公司的特征是什么？

2．有限责任公司设立的条件有哪些？

3．股份有限公司设立的条件有哪些？

4．简述有限责任公司董事会和股份有限公司董事会之间的区别。

5. 公司解散的原因有哪些?

6. 违反《公司法》的公司发起人、股东需承担的法律责任有哪些?

六、案例题

1. 河南省A公司、B公司与江苏省C公司准备成立一家有限责任公司，从事建筑装饰材料的生产经营。共建方案的要点为：该公司注册资本为4 000万元人民币，其中A公司以土地使用权（以出让方式取得）作价出资1 000万元；B公司以工业产权作价出资900万元，另出资人民币300万元；C公司以人民币出资1 800万元。

问题：

（1）该公司的股东人数是否符合《公司法》的要求?

（2）A公司以土地使用权出资是否可行?

（3）A公司以土地使用权出资以及B公司以工业产权出资，是否要办理财产权转移手续?

2．A、B、C 三人经协商，准备成立一家有限责任公司，主要从事家具的生产。其中 A 为公司提供厂房和设备，经评估作价 25 万元；B 从银行借款 5 万元现金作为出资；C 原为一家国有企业的家具厂厂长，具有丰富的管理经验，提出以管理能力出资，作价 15 万元。A、B、C 签订协议后，向工商局申请注册。

问题：

（1）本案包括哪几种出资形式?

（2）分析 A、B、C 的出资效力。

第四章　合　同　法

一、填空题

1.《合同法》调整的是作为平等主体的自然人、________或________之间的民事权利与义务关系。

2. 合同订立的程序包括________和承诺两个阶段。

3. 无效的合同或者________的合同自始没有法律约束力。

4. 合同订立的形式有______、______和其他形式。

5. 合同的保全包括代位权和________。

6. 合同担保的方式主要有________、________、质押、定金和留置等。

7. 合同终止的情形包括__________、__________和标的物提存等。

8. 承担违约责任的主要形式有__________、____________、赔偿损失、违约金和定金。

二、单项选择题

1. 甲乙签订一份价值30万元的销售合同，约定甲须支付6万元定金，但乙收取定金后违约，没有履行合同。根据我国《合同法》的规定，乙应当返还给甲（　　）。

A. 22万元　　B. 20万元
C. 16万元　　D. 12万元

2. 在以下协议中，属于我国《合同法》调整范围的是（　　）。

A. 离婚协议　　B. 收养协议
C. 人身保险协议　　D. 转移监护权协议

3. 甲向乙发去传真，称愿以每台3 000元的价格购买某品牌洗衣机10台，望乙于15天内作出答复。乙于第6天以传真回复，称愿接受甲的其他条件，但价格应该为每台3 500元，乙的传真属于（　　）。

A. 要约邀请　　B. 承诺
C. 新要约　　D. 对要约的撤销

4. 某商店向一家酒厂发信，表示欲向其购买10万瓶假冒名牌白酒，每瓶5元。该酒厂立即回信表示同意，则该商店与酒厂之间的合同（　　）。

A. 成立，但无效　　B. 成立，效力待定
C. 未成立　　D. 成立并有效

5. 根据《合同法》的规定，可撤销合同的当事人行使撤销权的有效期限是（　　）。

A. 自合同签订之日起1年内
B. 自合同签订之日起2年内
C. 自知道或者应当知道撤销事由之日起1年内
D. 自知道或者应当知道撤销事由之日起2年内

6. 甲在一家出售化妆品的网上店铺下单购买了一款化妆品，并选择了货到付款的支付

方式。下单后甲得知该款化妆品并不适合自己，便立即上网希望取消购买行为。根据《合同法》的规定，下列说法正确的是（　　）。

A．因为货尚未到达，甲也未付款，甲取消购买的行为实际上是要约的撤回，可以取消交易

B．甲不能取消购买行为，甲下单购买的行为本身是承诺，买卖合同已经成立并生效

C．甲取消购买行为是对要约的撤销，如果卖方已经备货准备发送，则甲不能取消

D．不论什么情况下，甲取消交易的行为都是违约行为

7．甲公司将其与丙公司的合同权利转让给乙公司，则须（　　）。

A．经丙公司同意　　B．通知丙公司

C．经乙公司同意　　D．通知乙公司

8．当事人采用合同书形式订立合同的，自双方当事人（　　）时合同成立。

A．签字　　B．盖章

C．填完　　D．签字或盖章

9．甲、乙双方在签订合同时，乙方应甲方要求，由丙方对乙方履行合同提供保证担保，并另行签订保证合同，该保证合同应由（　　）。

A．甲方与丙方签订　　B．甲方与乙方签订

C．乙方与丙方签订　　D．甲、乙、丙三方共同签订

10．下列选项中既是违约责任方式，又是担保方式的是（　　）。

A．定金　　B．违约金

C．赔偿金　　D．修理、更换、重做

三、多项选择题

1．乙公司向甲公司发出要约，下列选项中该要约不能撤销的有（　　）。

A．尽管乙公司在要约中未确定承诺期限，但甲公司接到要约后即已为履行合同做了准备工作

B．乙公司在要约中确定了承诺期限

C．乙公司在要约中明确表示等待甲公司的答复

D．甲公司发出承诺后才收到乙公司撤销要约的通知

2．下列财产中可以用于质押的有（　　）。

A．汇票　　B．机器

C．厂房　　D．专利权

3．下列选项中属于要约邀请的有（　　）。

A．寄送的价目表　　B．招股说明书

C．拍卖公告　　D．招标公告

4．下列（　　）情形出现时，合同的权利和义务终止。

A．债务人赵某将欠刘某的 1 万元还给了刘某

B．李光欠哥哥李达 2 万元，不久李达因车祸去世，李光是李达的唯一继承人

C．甲借乙 3 万元，为期 1 年，但过了 4 年乙也没有向甲要钱

D．甲偿还拖欠乙的两箱啤酒，乙拒绝受领，甲便将啤酒放在乙的门外，后被他人偷走

5．下列情形中允许当事人解除合同的有（　　）。

A．甲、乙双方经协商同意，并且不因此损害国家利益和社会公共利益

B．甲延迟履行主要债务，经乙催告后在合理期限内仍未履行

C．由于不可抗力致使甲、乙双方合同的全部义务不能履行

D．乙有违约行为致使甲、乙双方不能实现合同目的

6．在担保关系中，按法律规定不得做保证人的有（　　）。

A．国家机关　　B．学校、幼儿园

C．医院　　D．企业法人

7．王某没有经过李某授权便以李某名义与他人订立合同，其效力（　　）。

A．未经李某追认，则对其不产生效力

B．李某如果不追认，应由王某承担其行为责任

C．即使李某不承认，也应由李某承担连带责任

D．李某追认后，则合同有效

8．甲向乙支付 10 万元购买轿车一辆，此合同属于（　　）。

A．双务合同　　B．有偿合同

C．诺成性合同　　D．无名合同

9．甲于 2017 年 5 月 10 日因紧急情况与乙签订了一份买卖合同，合同内容对甲显失公平。根据法律规定，下列选项中判断正确的有（　　）。

A．该合同属于可撤销合同

B．该合同无效，甲乙双方应各自返还财物

C．该合同属于效力待定合同

D．如甲在 2018 年 5 月 10 日之后才申请撤销该合同，则人民法院不予支持

10．《合同法》规定的不可抗力具有（　　）特征。

A．不能预见　　B．不能避免

C．不能忽视　　D．不能克服

四、判断题

1．一般情况下，承诺生效时合同成立。（　　）

2．甲向乙发出一份推销水泥的要约，其中规定乙方须在 10 日内作出答复。则该要约可以撤销。（　　）

3．格式条款与非格式条款不一致的，应当采用格式条款。（　　）

4．《合同法》对违约责任采取严格责任原则。（　　）

5．无民事行为能力人不能作为购买人订立买卖合同，但可以作为受赠人订立赠与合同。（　　）

6．因不可抗力不能履行合同的，根据不可抗力的影响可以部分或者全部免除责任。但如果当事人延迟履行后发生不可抗力的，不能免除责任。（　　）

7．甲乙双方订立房屋买卖合同一份，如未规定履行地点，按法律规定应在不动产所在地履行。（　　）

8．行为人没有代理权、超越代理权或者代理权终止后以被代理人名义订立合同，以上代理行为均无效。（　　）

9．在日常生活中，我们在银行、邮局等办理业务时所涉及的合同条款是格式条款。（　　）

10．违约方支付违约金以后，其履行合同债务的责任自然免除。（ ）

五、简答题

1．简述合同法的基本原则。

2．合同内容包括哪些主要条款？

3．简述要约和承诺的概念及有效要件。

4．有效合同应具备哪些条件？

5．简述无效合同的种类。

6．合同抗辩权的行使有哪几种？它们的成立要件分别是什么？

六、案例题

1. 甲公司于 2018 年 3 月 1 日给乙公司发传真称：“现有玉米 50 吨，每吨 1 000 元，如贵方需要，望于接到传真之日起 1 周内回复为盼。”3 月 1 日乙公司接到传真，3 月 3 日给甲公司回复称：“接受贵方条件，但望以每吨 800 元成交。”

问题：

（1）甲、乙公司之间的合同关系是否成立？为什么？

（2）若乙公司收到传真后于 3 月 10 日才回复甲公司称：“完全接受贵方条件。”则甲、乙公司之间的合同关系是否成立？为什么？

（3）若乙公司收到传真未回复，直接于 3 月 3 日到甲公司所在地要求付款提货，而甲公司已将这 50 吨玉米卖给了丙公司，甲公司是否需对乙公司承担责任？为什么？

2. 赵峰早年间在国内买了套商品房，后因长期在国外生活，将该房交由其父管理。近期由于房屋增值，其父擅自将房屋出售给李女士，并已交付房屋，约定一个月后办理过户手续，逾期支付违约金。赵峰在得知卖房之事后，表示坚决反对，并提起诉讼要求李女士归还房屋。李女士因此损失了部分房屋装修、搬家等费用。

问题：

（1）案例中的房屋买卖合同的效力如何？

（2）赵峰之父是否要对不能依约办理登记过户承担违约责任？

（3）李女士应如何维护自己的权益？

3．16 岁的夏露独自到某电器商场以 5 000 元的价格购买了一台笔记本电脑。事后，夏露的父母认为她尚未成年且没有征得家长同意，不能进行高额商品的购买，要求商场退款。而夏露提出由于她做临时工，可以自食其力，不愿退货。

问题：

（1）夏露的购买行为是否有效？

（2）如果夏露是一名在校学生，其父母的退款要求是否合法？

4．邢某经营一家电器专卖店，曾向范某借款 5 万元，借款期限已到，邢某无力偿还。后范某得知，温某欠邢某货款 2 万元，一直未清偿，邢某也未向债务人提出偿还请求，邢某还将店内的电器悄悄赠与其好友张某。为此，范某将邢某诉至人民法院。

问题：

（1）温某欠邢某货款 2 万元，一直未清偿，邢某也未向债务人提出偿还请求。针对这一情况，范某应如何维护自己的合法权益？

（2）邢某将店内的电器悄悄赠与其好友张某。针对这一情况，范某应如何做？

第五章　市场管理法

一、填空题

1.《产品质量法》调整对象所指向的产品，是指经过_____、_____，用于_____的产品。

2. 抽奖式的有奖销售，最高奖的金额超过_______即属于不正当竞争。

3. 经营者有承担“三包”的责任，即包修、__________和__________。

4. 对商品进行退货、更换、修理的，________应当承担运输等必要费用。

5. 经营者采用网络、电视、电话、邮购等方式销售商品，消费者有权自收到商品之日起_____日内退货，且无须说明理由。

二、单项选择题

1.（　　）可以不附加产品标识。

A. 瓶装白酒　　B. 罐装饮料

C. 散装月饼　　D. 皮鞋

2. 甲欲购买“营养快线”牌饮料，临上火车前误购了商标不同而外包装十分近似的名称为“营养快线”的饮料，遂向“营养快线”公司投诉。“营养快线”公司发现，“营养快线”饮料的价格仅为“营养快线”的1/3。根据以上情况，如果“营养快线”公司起诉“营养快线”公司，其纠纷的性质应当是（　　）。

A. 诋毁商誉的侵权纠纷　　B. 低价倾销的不正当竞争纠纷

C. 混淆行为的不正当竞争纠纷　　D. 企业名称侵权纠纷

3. 某商场在“五一”黄金周期间挂出一条“五一放假期间在本商场购买商品达500元者，本商场将赠送一份特大礼物”的横幅，有消费者领奖后发现“特大礼物”是一只大气球。对此，消费者向工商行政管理部门进行投诉。依照《反不正当竞争法》的规定，该商场的这一行为属于（　　）。

A. 引人误解的商业宣传，构成不正当竞争

B. 违反商业道德的宣传，不违法

C. 只对消费者构成消费欺诈，不构成不正当竞争

D. 只是一般的欺诈行为，不构成不正当竞争

4. 消费者为（　　）消费需要购买、使用商品或接受服务，其权益受《消费者权益保护法》保护。

A. 生产　　B. 生活

C. 生产和生活　　D. 个人

5. 在消费者与经营者的商品交易中，消费者往往处于（　　）。

A. 强者地位　　B. 平等地位

C. 弱者地位　　D. 难以确定

6. 消费者因经营者利用虚假广告提供商品或者服务，其合法权益受到损害的可以向（　　）要求赔偿。

A．广告经营者　　B．广告制作人

C．经营者　　D．发布广告的媒体

7．经营者提供商品或者服务有欺诈行为的，应当按照消费者的要求增加赔偿其受到的损失，增加赔偿的金额为消费者购买商品的价款或接受服务费用的（　　）。

A．一倍　　B．二倍

C．三倍　　D．四倍

8．一般说来，消费者享有对（　　）进行监督的权利。

A．商品

B．服务

C．商品和服务以及保护消费者权益的工作

D．不合格商品

9．国际消费者协会把每年的（　　）定为国际消费者权益日。

A．2 月 15 日　　B．3 月 15 日

C．4 月 15 日　　D．5 月 15 日

10．对（　　），消费者要求经营者修理、更换、退货的，经营者应当承担运输等合理费用。

A．包修、包换、包退的一切商品　　B．包修、包换、包退的大件商品

C．包修、包换、包退的家用电器　　D．一切商品

三、多项选择题

1．下列选项中不属于《产品质量法》调整范围的产品有（　　）。

A．天然气　　B．初级农产品

C．道路　　D．建设工程使用的建筑材料

2．下列产品中（　　）是《产品质量法》中所称的“缺陷”产品。

A．损伤皮肤的化妆品　　B．制冷效果不好的空调机

C．图像效果不佳的电视机　　D．保温效果不良的暖水瓶

3．“三无”产品是指（　　）。

A．无产品合格证明

B．无产品名称、生产厂家厂名和厂址

C．无产品生产日期和安全使用期或者失效日期

D．无质量认证标志

4．销售者在产品质量方面承担民事责任的具体形式有（　　）。

A．修理　　B．更换

C．退货　　D．赔偿

5．经营者给（　　）的必须如实入账，接受折扣、佣金的经营者必须如实入账。

A．对方折扣　　B．对方佣金

C．中间人折扣　　D．中间人佣金

6．在商品上伪造、仿冒使用（　　），对商品质量作引人误解的虚假表示是不正当竞争行为。

A．认证标志　　B．名优标志

C．产地　　　　D．非注册商标

7．消费者的权利包括（　　　）等。

A．安全权、知悉权　　　　B．选择权、公平权

C．求偿权、结社权　　　　D．教育权、监督权

8．消费者权益保护的特征有（　　　）。

A．公益性　　　　B．扶植弱者

C．保障安全　　　　D．补偿与惩罚相结合

四、判断题

1．销售者不能指明缺陷产品的生产者也不能指明缺陷产品的供货者的，则销售者应当承担赔偿责任。（　　）

2．产品投入流通时，引起损害的缺陷尚不存在的，生产者不承担赔偿责任。（　　）

3．因产品存在缺陷造成损害要求赔偿的诉讼时效期间为一年，自当事人知道或者应当知道其权益受到损害时起计算。（　　）

4．擅自使用他人有一定影响的域名主体部分、网站名称、网页，属于不正当竞争行为。（　　）

5．有奖销售可故意让内定人员中奖。（　　）

6．经营者可利用技术手段，在其他经营者的网络产品中插入链接或强制进行目标跳转。（　　）

7．使用不知道是他人用盗窃等非法手段获取的商业秘密的，不视为侵犯商业秘密。（　　）

8．我国对不正当竞争行为进行监督检查的部门主要是区级以上工商行政管理部门及法律、行政法规规定的其他部门。（　　）

9.《消费者权益保护法》保护的是消费者在市场交易中的合法权益，违法交易或为索赔目的而进行的交易不受法律保护。（　　）

10．在保修期内三次修理仍不能正常使用的，经营者应当负责更换或者退货。（　　）

五、简答题

1．生产者的产品质量责任和义务有哪些？

2．简述销售者的产品质量责任和义务。

3．不正当竞争行为的具体表现在哪些方面？

4．消费者的权利有哪些?

5．简述消费者权益争议的解决途径。

六、案例题

1．2018 年 2 月 20 日，叶先生在某商场购买 A 厂生产的冰箱一台、B 公司生产的多功能电源保护器一部。次日，叶先生在家中安装好冰箱和电源保护器。半个月后，因冰箱电路出现故障，高温下导致冰箱起火，烧毁部分家具及用品。为此，叶先生向人民法院起诉，状告某商场、A 厂和 B 公司，要求赔偿损失。

某商场辩称，该冰箱是本商场销售的商品，赔偿责任应由产品的制造者承担，销售者不应承担责任。

A 厂辩称，本厂生产的产品均符合国家标准，以往从未发生过此种情况，无证据证明生产者有过错，无法认定生产者应承担责任。B 公司的电源保护器失灵可能是事故的主要原因。

B 公司辩称，叶先生违反有关安装说明的要求，违章安装，无视说明书的警示说明，导致电源保护器失效酿成事故，冰箱电源线路有问题使冰箱起火是根本原因。

人民法院在调查过程中，经技术监督局对 A 厂的冰箱和 B 公司的电源保护器进行质量鉴定，认定：（1）该品牌和型号的电冰箱线路连接存在某些缺陷，一般情况下不会出故障，在特定的情况下会产生高温；（2）电源保护器已经被烧毁无法鉴定，但对相同商品进行检测，没有发现质量问题；（3）叶先生在安装电源保护器时未按说明书正确安装，使电源保护器在冰箱高温时无法正常发挥作用，导致冰箱等物品被烧毁。

问题：叶先生的损失应由谁来赔偿？为什么?

2. 2018 年 5 月，某技校学生小秦与小刘到某百货商场化妆品自选柜台选购化妆品。两人在此挑选、试用化妆品约 20 分钟，终因未选中合适的化妆品而离开。当二人走到百货商场门口时，化妆品自选柜台的营业员和一名保安人员追了上来，指控二人偷了化妆品柜台陈列的物品，二人坚决否认，双方相持不下。这时，另一名商场保安人员上来对秦、刘二人说："请你们到商场保卫科把事情说清楚。"到保卫科后，商场保安人员要求检查秦、刘二人随身携带的包，遭到二人拒绝。保安人员对秦、刘说："如果你们没有偷窃商场的物品，就应该接受我们的检查来证明清白。"迫于无奈，秦、刘二人交出了自己的包。经检查，未发现任何商场的物品。此后，保安人员进一步提出要对二人搜身检查并立即找来两位女营业员对秦、刘二人强行搜身，仍然没有找到任何商场的物品。事后，秦、刘二人愤然离开了这家百货商场。

2018 年 6 月 1 日，秦、刘二人以该百货商场损害了自己的人格尊严为由提出诉讼，要求该商场赔礼道歉，为她们恢复名誉并赔偿精神损失费 3 500 元。

问题：人民法院应支持秦、刘二人的诉讼吗？为什么？

第六章 工业产权法

一、填空题

1．在我国，工业产权主要是指专利权和__________，它和著作权一起被统称为知识产权。

2．工业产权是一种无形财产权，与有形财产权相比有_______、________、时间性和确认性等主要特征。

3．按商标的管理划分，商标可分为_________和未注册商标。

4．按商标使用人对商标的使用动机划分，商标可分为联合商标、____________和___________。

5．商标权人依法享有的权利有_________、_________、转让权、续展权、禁用权和收益权等。

6．专利是指经主管机关依法审查批准的、符合专利条件的__________。

7．根据我国《专利法》的相关规定，专利权的客体包括发明、______________和____________。

8．我国《专利法》规定，发明专利权的期限是_____年，实用新型和外观设计专利权的期限是_____年，均自申请日起计算。

二、单项选择题

1．甲、乙二人就同样的发明创造同日向国家知识产权局分别提出实用新型专利申请，如果二人的申请均符合其他条件，则专利权应当授予（　　）。

A．甲　　B．乙

C．甲和乙共有　　D．经甲和乙协商确定的人

2．某人于2016年1月1日向国家知识产权局提出一份发明专利申请，经初步审查后，2017年7月1日予以公布。2018年4月1日申请人请求进行实质审查，2018年8月1日被授予发明专利权。则该发明专利权的保护期限自（　　）起计算。

A．2016年1月1日　　B．2017年7月1日

C．2018年4月1日　　D．2018年8月1日

3．根据商标法律制度的规定，以协会名义注册，供协会成员在商事活动中使用，以表明使用者在该协会中的成员资格的标志，属于（　　）商标。

A．证明　　B．集体

C．防御　　D．联合

4．当事人甲于2017年1月1日提出商标注册申请，商标局于4月1日做出初审公告。在公告期内因无人提出异议，商标局予以核准注册。根据商标法律制度的规定，甲取得商标专用权的时间为（　　）。

A．2017年1月1日　　B．2017年4月1日

C．2017年7月1日　　D．2018年1月1日

5．经许可使用他人注册商标的，（　　）在使用该注册商标的商品上标明被许可人的名称和商品产地。

A．必须　　B．可以

C．无须　　D．无具体规定

6．下列选项中不属于发明创造的是（　　）。

A．发明　　B．实用新型

C．外观设计　　D．智力活动规则和方法

三、多项选择题

1．根据《商标法》规定，生产或销售（　　）必须使用注册商标。

A．感冒清胶囊　　B．香烟

C．食品　　D．服装

2．授予发明和实用新型专利的条件是该项发明和实用新型具有（　　）。

A．经济性　　B．创造性

C．实用性　　D．新颖性

3．1992年2月19日，甲企业就其生产的家用电器注册了“康威”商标。后来乙企业使用该商标生产冰箱，并在2002年4月开始销售“康威”牌冰箱。根据我国商标法律制度的规定，下列表述正确的有（　　）。

A．甲企业对其商标的续展申请应当在商标有效期届满后的6个月内提出

B．乙企业对“康威”商标的使用为非法使用

C．乙企业可以在2002年8月19日后在家用电器上申请注册“康威”商标

D．甲企业在商标续展期内仍享有商标专用权

4．下列选项中属于侵犯注册商标专用权的行为有（　　）。

A．销售侵犯注册商标专用权的商品

B．擅自制造或者销售他人注册商标标识

C．未经注册商标所有人的许可，但不是在同一种商品上使用而是在类似商品上使用与其注册商标相同或相似的商标

D．经注册商标所有人许可，但背着商标所有人，在劣质产品上使用该注册商标

5．在我国，导致专利权终止的情形有（　　）。

A．专利权的期限届满　　B．专利权被撤销

C．专利权人书面放弃权利　　D．专利权人未按时缴纳专利年费

6．商标权的内容包括（　　）。

A．专用权　　B．许可使用权

C．转让权　　D．续展权

7．专利权的主体有（　　）。

A．发明人或设计人　　B．申请人

C．专利权人　　D．外国人

四、判断题

1．能够将自然人、法人或者其他组织的商品与他人的商品区别开来的标志，可以申请为商标。（　　）

2．发明专利权期满，专利权人如果想继续受到法律保护，可以申请续展。（ ）

3．对侵犯注册商标专用权的，任何人都可以向侵权人所在地或者侵权行为地县级以上工商行政管理部门控告或检举，被侵权人还可直接向人民法院起诉。（ ）

4．生产者可以将“驰名商标”字样印刷在商品包装上。（ ）

5．未注册商标不享有商标的专用权，不受法律保护。（ ）

6．宣告无效的专利权视为自始即不存在。（ ）

五、简答题

1．商标权法律关系包括哪些内容？

2．简述商标注册需遵守的原则。

3．如何办理已注册商标的转让手续？

4．侵犯专利权要承担哪些法律责任？

六、案例题

1．邢建准备在北京某厨艺班学习完毕后回家开办一家自己的餐馆，且打算以“大山羊”作为商标。为了防止他人抢先注册，邢建决定在离开北京前，前往商标局将“大山羊”三个字以自己的名义申请商标注册。

问题：邢建的申请能否被商标局受理并核准，使其成为商标权人？为什么？

2．宏鑫食品公司是“乐华”注册商标的商标权人，该商标使用在罐头商品上。锦艺食品公司在罐头上使用未经注册的“月华”商标，且使用与“乐华”商标相似包装。安捷仓储公司帮助锦艺食品公司运输、存储“月华”罐头并在商场销售。

问题：

（1）锦艺食品公司的商标是否侵犯了“乐华”的商标权？为什么？

（2）安捷仓储公司的行为是否应承担责任？

（3）销售罐头的商场是否应承担责任？

3．兰花纺织公司 2015 年 4 月成功设计出了一款床单用花布图案，同月向国家知识产权局递交了外观设计专利申请，2017 年 10 月 5 日该公司取得了该项成果的专利权。为扩大生产，该公司又和羽雁服装公司签订了合同，许可羽雁服装公司使用该项专利生产床单。羽雁服装公司认为自己已成为专利权人，便又许可枫叶纺织厂使用该专利。对此，兰花纺织公司以两厂为被告起诉至人民法院。

问题：本案性质如何？应当怎样处理？

第七章　会　计　法

一、填空题

1.《会计法》所调整的会计关系是会计机构和会计人员在办理会计事务过程中以及国家在管理会计工作过程中发生的＿＿＿＿＿＿。

2．根据《会计法》的规定，国家机关、社会团体、企业、事业单位和其他组织都必须依法设置＿＿＿＿＿，并保证其＿＿＿＿＿＿。

3．根据《会计法》的规定，任何单位或者个人不得以任何方式＿＿＿＿、指使、强令会计机构、会计人员，伪造、＿＿＿会计凭证、会计账簿和其他会计资料，提供虚假财务会计报告。

4．我国会计工作管理体制实行的是“统一领导，分级管理”的原则，即由＿＿＿＿＿统一领导，＿＿＿＿＿＿＿＿＿＿分级管理。

5．我国以公历制作为会计核算的时间分期。自公历＿＿＿＿＿＿起至＿＿＿＿＿＿止为一个会计年度。

6．单位内部会计监督的主体是＿＿＿＿＿＿＿＿＿＿＿＿＿，单位内部会计监督的对象是＿＿＿＿＿＿＿＿＿。

7．会计人员对原始凭证进行审核时，对不真实、不合法的原始凭证有权＿＿＿＿＿＿＿，并向＿＿＿＿＿报告。

二、单项选择题

1．根据《会计法》的规定，应当对本单位财务会计报告的真实性、完整性承担第一责任的是（　　）。

A．单位负责人　　B．单位会计机构负责人

C．单位总会计师　　D．单位审计机构负责人

2．按照会计核算的真实性和客观性要求，各单位会计核算的依据必须是（　　）。

A．原始凭证　　B．会计账簿

C．记账凭证　　D．实际发生的经济业务

3．按照《会计法》的规定，某单位（　　）时不需办理会计手续，进行会计核算。

A．向银行借入 3 个月的短期借款　　B．收到某单位投入的一项无形资产

C．签订了一笔 100 万元的销售合同　　D．向工人发放工资

4．企业出纳将一张报销凭证上的金额 7 000 元涂改为 9 000 元，根据《会计法》有关规定，该行为属于（　　）。

A．伪造会计凭证　　B．变造会计凭证

C．伪造会计账簿　　D．变造会计账簿

5．下列选项中不属于会计资料的是（　　）。

A．会计凭证　　B．会计账簿

C．财务会计报告　　D．经济合同

6. 下列选项中不属于不相容职务的是（　　）。

A. 出纳与记账　　B. 出纳与现金保管

C. 财物保管与记账　　D. 业务经办与财物保管

7. 无须在财务会计报告上签章的是（　　）。

A. 普通记账人员　　B. 单位负责人

C. 会计机构负责人　　D. 总会计师

8. 根据《会计法》，下列关于会计核算中记账本位币的说法正确的是（　　）。

A. 不论什么企业，都必须以人民币为记账本位币

B. 企业可以随意选用会计核算中的记账本位币

C. 业务收支以人民币以外的货币为主的企业，可以该货币作为记账本位币

D. 记账本位币可以随意变动

9. 华强有限责任公司会计在审核发票时发现，发票抬头误将公司名称写成“华强有限公司”，该会计应当（　　）。

A. 因金额正确，不影响记账，可不必理会

B. 不予接受，并向单位负责人报告

C. 因错误不大，可自行更正并加盖经办人名章后入账

D. 将发票退回，并要求出具单位重开

10. 根据《会计法》的规定，（　　）有权对会计师事务所出具审计报告的程序和内容进行监督。

A. 工商行政管理部门　　B. 税务部门

C. 统计部门　　D. 财政部门

11. 下列选项中不符合《会计法》中关于单位会计机构设置规定的是（　　）。

A. 不具备设置条件的，可以从外单位聘用兼职会计人员

B. 单独设置会计机构的，应配备会计人员，并指定会计机构负责人

C. 可以在有关机构中设置会计人员，并指定会计主管人员

D. 不设置会计机构的可以委托中介机构代理记账

三、多项选择题

1. 根据《会计法》规定，下列选项中属于单位会计机构负责人（会计主管人员）任职条件的有（　　）。

A. 取得会计从业资格证书　　B. 从事会计工作三年以上

C. 具有会计师以上专业技术职务　　D. 担任总会计师职务

2. 下列会计工作岗位中，出纳人员不得兼任的有（　　）。

A. 空白支票的保管　　B. 会计档案保管

C. 稽核　　D. 收入、费用账目的登记

3. 下列选项中属于财政部门对各单位实施监督的事项有（　　）。

A. 是否依法设立会计机构

B. 会计凭证、会计账簿、财务会计报告和其他会计资料是否真实、完整

C. 会计核算是否符合《会计法》和国家统一会计制度的规定

D. 从事会计工作的人员是否具有会计从业资格证

4. 按照《会计法》的规定，记账人员与经济业务事项和会计事项的（　　　　）人员的职责权限应当明确，并相互分离、相互制约。

A. 稽核　　　　B. 经办

C. 财物保管　　　　D. 审批

5. 各单位应当按照国家统一会计制度的规定和会计业务的需要设置会计账簿，会计账簿包括（　　　　）。

A. 总分类账　　　　B. 明细分类账

C. 日记账　　　　D. 辅助性账簿

6. 会计账簿记录发生错误或者隔页、缺号、跳行的，更正时需要遵循的原则包括（　　　　）。

A. 应当按照国家统一的会计制度规定的方法更正

B. 由单位负责人在更正处盖章

C. 由会计人员和会计机构负责人（会计主管人员）在更正处盖章

D. 由会计机构负责人在更正处盖章

7. 下列选项中属于单位内部会计监督制度基本要求的有（　　　　）。

A. 重大经济事项的决策和执行的相互监督、相互制约程序应当明确

B. 对会计资料定期进行内部审计的方法和程序应当明确

C. 财产清查的范围、期限和组织程序应当明确

D. 会计档案管理制度应当明确

8. 根据《会计法》规定，某外商投资企业私设会计账簿，存在设立账外账的严重违法行为，但尚未构成犯罪，其直接负责的主管人员和负有直接责任的会计人员可能受到的行政处罚有（　　　　）。

A. 责令限期改正　　　　B. 处以 2 000 元以上 20 000 元以下罚款

C. 企业负责人就地免职　　　　D. 五年内不得从事会计工作

9. 一个单位可以根据（　　　　）来决定是否设置会计机构以及如何设置会计机构。

A. 单位规模大小　　　　B. 会计业务繁简程度

C. 会计人员的素质　　　　D. 经营管理的需要

10. 我国会计监督体系是由（　　　　）构成的。

A. 单位内部会计监督　　　　B. 政府监督

C. 社会监督　　　　D. 职工代表大会监督

11.（　　　　）应当依照有关法律、行政法规规定的职责，对有关单位的会计资料实施监督检查。

A. 财政部门　　　　B. 人民银行

C. 税务部门　　　　D. 证券监管部门

四、判断题

1.《会计法》适用于中华人民共和国境内的所有单位，包括在我国设立的中外合作企业、中外合资企业和外商独资企业。（　　）

2. 因提供虚假财务会计报告行为被依法追究刑事责任的人员，五年内不得再从事会计工作。（　　）

3．各单位采用的会计处理方法前后各期必须一致，不得变更。（ ）

4．一般会计人员办理交接手续由单位的会计机构负责人、会计主管人员负责监交，会计机构负责人、会计主管人员办理交接手续由单位领导人负责监交。（ ）

5．对于我国少数民族自治区，会计记录的文字可以只使用少数民族文字。（ ）

6．移交人员办理完交接手续后，仍需对原工作期间经办的会计资料的真实性、完整性负责。（ ）

7．原始凭证金额出现错误，应当由出具单位重开或者更正，更正处应当加盖出具单位印章。（ ）

8．会计工作的社会监督，主要是指由注册会计师及其所在的会计师事务所依法对受托单位的经济活动进行审计、鉴证的一种监督制度。（ ）

9．根据《会计法》的要求，一项采购合同在签订时与履行时均需进行会计核算。（ ）

10．使用电子计算机进行会计核算的，其软件及其所生成的会计凭证、会计账簿、财务会计报告和其他会计资料也必须符合国家统一会计制度的规定。（ ）

五、简答题

1．什么是会计法？我国《会计法》的适用范围有哪些？

2．简述我国《会计法》的基本原则。

3．《会计法》对会计核算提出了哪些一般要求？

4．简述会计人员工作交接的注意事项。

5．什么是会计监督？会计监督包含哪几个层次？

6．简述伪造、变造、编制虚假会计资料应承担的法律责任。

六、案例题

1．正兴公司的会计王某在审查原始凭证时，发现如下问题：

（1）办公室职员张某从超市购买了一批办公用品，其收到的发票因为金额有误而与刷卡小票金额不一致。为弥补失误，张某自行将发票金额进行更正，并加盖了自己的印章，作为报销凭证。

（2）业务员李某提供的住宿费发票经审查属于伪造的发票。

（3）收到的领料单上未注明领料时间及用途。

问题：王某应当如何处理上述问题？

2．某市财政局在2018年4月对企业执行《会计法》的情况进行检查，发现如下问题：

（1）某小型企业为节省开支，只任用了两名会计，其中王某被单位负责人指定为会计主管人员，负责登记总分类账、编制财务会计报告和稽核工作，张某被单位指定担任出纳工作，兼记日记账、各种明细分类账和会计档案的保管。

（2）该企业出纳在单位负责人的授意下将收到的下脚料销售款5 000元另行存放不入账，以便负责人日常应酬。会计主管王某发现后向上级主管部门举报，上级主管部门将检举材料转给该企业，责令其自行纠正。该企业负责人以工作需要为由，将会计主管王某调离会计工作岗位，另外聘用一名应届大学毕业生担任会计主管。由于该会计主管人员经验不足，使得该单位会计管理混乱，会计处理方法随意改变，会计核算中时有多报、漏记的会计差错发生，并仍按照单位负责人意图私设“小金库”。

问题：

（1）请逐项分析上述哪些行为违反了《会计法》的规定。

（2）根据《会计法》的规定，该企业私设小金库的行为应如何处理？

第八章　金融法律制度

一、填空题

1．定额银行本票的面额有 1 000 元、5 000 元、________和________。

2．商业银行的经营原则是______、______和效益性 。

3．我国现行金融机构体系的核心是___________。

4．商业银行金融投资的主要对象是__________。

5．支票按照支付票款的方式可以分为________、转账支票和________。

二、单项选择题

1．商业银行的经营对象是（　　）。

A．金融资产和负债　　B．一般商品

C．商业资本　　D．货币资本

2.（　　）不是我国《票据法》所规定的票据。

A．股票　　B．支票

C．本票　　D．汇票

3．本票自出票日起，付款期限最长不得超过（　　）个月。

A．1　　B．2

C．3　　D．4

4．下列选项中（　　）属于支票必须记载的事项。

A．出票日期　　B．保证日期

C．付款日期　　D．背书日期

5．支票的持票人应当自出票日起（　　）日内提示付款。

A．5　　B．10

C．15　　D．20

6．商业银行最主要的资产业务是（　　）。

A．贷款　　B．贴现

C．提供金融服务　　D．投资

7．租赁业务属于商业银行的（　　）。

A．负债业务　　B．资产业务

C．中间业务　　D．国际业务

8．由出票人签发的，承诺自己在见票时无条件支付确定的金额给收款人或者持票人的票据是指（　　）。

A．银行本票　　B．支票

C．商业汇票　　D．银行汇票

9．金融体系的主体是（　　）。

A．中央银行　　B．商业银行

C．政策性银行　D．其他金融机构

10．商业银行最主要的负债业务是（　　）。

A．现金　B．贷款

C．银行借款　D．吸收存款

三、多项选择题

1．当汇票到期被拒绝付款时，持票人可以对（　　）行使追索权。

A．前手背书人　B．付款人

C．保证人　D．出票人

2．票据行为的种类包括（　　）。

A．出票　B．背书

C．承兑　D．保证

3．汇票的（　　）应对持票人承担连带责任。

A．出票人　B．背书人

C．承兑人　D．保证人

4．下列关于支票的付款方式表述错误的有（　　）。

A．普通支票不可支取现金，只可转账

B．现金支票只能支取现金，不可转账

C．划线支票既可支取现金，也可以转账

D．普通支票既可以支取现金，也可以转账

5．下列关系中属于我国保险法调整范围的有（　　）。

A．保险业内保险公司之间的竞争关系

B．投保人与保险公司之间的关系

C．工伤保险关系

D．保险代理人与保险公司之间的关系

6．现代金融机构体系包括（　　）。

A．财政部　B．中央银行

C．商业银行　D．非银行金融机构

7．票据的基本特征有（　　）。

A．有价证券　B．要式证券

C．无因证券　D．文义证券

8．商业银行的负债业务包括（　　）。

A．资本金　B．贷款业务

C．存款业务　D．借款业务

9．保险按标的分类可分为（　　）。

A．财产保险　B．人身保险

C．责任保险　D．保证保险

10．保险合同的要素包括（　　）。

A．合同主体　B．合同客体

C．合同内容　D．保险公司

四、判断题

1. 银行本票上必须记载付款人名称。（ ）
2. 中国农业发展银行属于国有股份制商业银行。（ ）
3. 转账支票既可以提取现金，也可以进行转账。（ ）
4. 支票既可以在同城使用，也可以在异地使用。（ ）
5. 商业汇票只适用于同城。（ ）
6. 银行本票是见票付款的票据。（ ）
7. 当付款人在汇票上加盖“承兑”印章并签章后，便成为该汇票的主债务人。（ ）
8. 从风险管理的角度来看，保险是一种民事法律关系。（ ）
9. 商业银行是不以营利为目的，而以经营存放款和汇兑为主要业务的信用机构。（ ）
10. 每个国家的金融体系都是一样的。（ ）

五、简答题

1. 我国金融机构体系是如何构成的?

2. 商业银行设立的条件有哪些?

3. 简述票据的特性。

4. 保险主体有哪些?

六、案例题

1．2017 年 8 月 10 日，甲公司向乙公司销售了一批 A 产品，数量为 1 000 件，单价为 100 元，价款为 100 000 元，增值税为 17 000 元，于是乙公司向甲公司签发了一张金额为 117 000 元的转账支票。8 月 14 日，甲公司向银行请求付款时被拒绝，得知乙公司账户上的金额只有 50 000 元。

问题：乙公司应受到怎样的处罚？

2．2017 年 4 月，王某在某保险公司为自己的货车投保了交强险，同时缴纳了保险费。保险公司于第二天为其出具了保单，保单和发票的打印时间为 2017 年 4 月 28 日 8 时 20 分，投保确认时间和收付确认时间均为 2017 年 4 月 28 日 8 时 15 分，保险单载明保险期限自 2017 年 4 月 29 日零时起至 2018 年 4 月 28 日 24 时止。

2017 年 4 月 28 日 21 时 20 分，王某驾驶投保车辆与张某驾驶的摩托车相撞，致两车受损，张某受伤。事故发生后，王某去保险公司理赔，保险公司以肇事车辆发生交通事故时不在交强险投保时间范围内为由拒赔。

问题：该保险合同何时生效？保险公司是否应当赔偿？

第九章　税收法律制度

一、填空题

1．税法是国家制定的，用以调整____________之间在征税方面的权利和义务关系的_______________。

2．征税对象主要包括______和行为。

3．计税依据是计算应纳税额的依据或标准，一般有从价计征和______两种形式。

4．我国现行税率主要包括__________、累进税率和__________。

5．增值税是对销售货物或提供劳务过程中实现的__________征收的一个税种。

6．消费税应纳税额的计算分为__________、从量定额和__________三种方法。

7．根据纳税人的不同，企业所得税的征收范围也不同。一般而言，居民企业就其来源于________________的所得纳税，承担无限纳税义务。

8．“一照一码”即__________________，一个企业主体只拥有一个统一代码，一个统一代码只赋予一个企业主体。

二、单项选择题

1．我国税法构成要素中能够区别不同类型税种的主要标志是（　　）。

A．纳税人　　B．征税对象

C．税率　　D．纳税期限

2．（　　）是指对同一征税对象不分数额大小均规定相同的征收比例征税。

A．比例税率　　B．累进税率

C．定额税率　　D．复合税率

3．流转税是以商品生产、商品流通和劳务服务的流转额为征税对象的税收种类，下列选项中不属于流转税的是（　　）。

A．增值税　　B．消费税

C．关税　　D．土地增值税

4．根据增值税法律制度的规定，下列选项中属于应税行为的是（　　）。

A．提供加工、修理修配劳务　　B．销售商品房

C．进口货物　　D．销售家用电器

5．下列消费品中实行从价定率与从量定额相结合征税的办法是（　　）。

A．啤酒　　B．粮食白酒

C．酒糟　　D．葡萄酒

6．根据《个人所得税法》的规定，个人所得税的纳税义务人不包括（　　）。

A．个体工商户　　B．个人独资企业投资者

C．有限责任公司　　D．在中国境内有所得的外籍个人

7．根据《企业所得税法》的规定，依法在中国境内成立，或者依照外国（地区）法律成立但实际管理机构在中国境内的企业，是（　　）。

A．本国企业　　B．外国企业
C．居民企业　　D．非居民企业

8．下列关于发票管理表述正确的是（　　）。
A．发票联与存根联由开票方留存，记账联由受票方入账使用
B．开具发票时应在发票联加盖发票专用章，抵扣联无须加盖印章
C．单位和个人在发生经营业务、确认营业收入时，才能开具发票
D．发现发票丢失，应当于次日书面报告税务机关，并登报声明作废

三、多项选择题

1．税法构成的三个基本要素有（　　）。
A．纳税义务人　　B．征税对象
C．税率　　D．纳税期限

2．下列关于纳税人的说法正确的有（　　）。
A．纳税人是纳税义务人的简称
B．纳税人即纳税主体
C．因存在税负转移的可能性，纳税人就是负税人
D．纳税人只包括法人

3．消费税是指在我国境内从事生产、委托加工应税消费品的单位和个人，就其（　　）在特定环节征收的一种税。
A．销售额　　B．所得额
C．生产额　　D．销售数量

4．下列有关企业所得税税率说法正确的有（　　）。
A．企业所得税的基本税率为 25%
B．非居民企业在中国境内未设立机构、场所的，其来源于中国境内的所得实际征税时适用 10% 的优惠税率
C．符合条件的小型微利企业适用税率为 20%
D．国家需要重点扶持的高新技术企业适用税率为 15%

5．下列个人取得的收入应缴纳个人所得税的有（　　）。
A．工资或薪金类所得　　B．利息、股息、红利类所得
C．稿酬所得　　D．劳务报酬所得

6．王明 2017 年 9 月的工资收入为 6 200 元，则其个人所得税应纳税所得额及适用税率为（　　）。
A．6 200 元　　B．2 700 元
C．20%　　D．10%

7．在我国，《税收征收管理法》规定的税收征收管理机关包括（　　）。
A．财政机关　　B．国家税务机关
C．地方税务局　　D．工商管理部门

8．纳税申报的方式主要有（　　）。
A．直接申报　　B．邮寄申报
C．数据电文申报　　D．口头申报

9．下列选项中属于税收保全措施的有（　　　　）。

A．书面通知纳税人开户银行冻结纳税人的金额相当于应纳税额的存款

B．书面通知纳税人开户银行从其存款中扣税款

C．扣押、查封纳税人价值相当于应纳税款的商品、货物或其他财产

D．依法拍卖、变卖纳税人的价值相当于应纳税款的商品、货物或其他财产

四、判断题

1．纳税义务人是指税法规定的直接负有纳税义务的单位和个人。它解决了国家对谁征税的问题。（　　）

2．税目是税法中具体规定应当征税的项目，是课税对象的具体化，因此对于所有的税种均要规定税目。（　　）

3．累进税率是指按照征税对象的数额大小，规定不同等级的税率。一般适用于所得额的征税。（　　）

4．划分增值税一般纳税人和小规模纳税人的依据是纳税人经营规模的大小。（　　）

5．纳税人兼营不同税率或征收率的货物、劳务、服务、无形资产或不动产，应当分别核算不同税率或征收率的销售额，未分别核算的，从高适用税率。（　　）

6．在我国境内的企业和其他取得收入的组织为企业所得税的纳税人，如个人独资企业、合伙企业等。（　　）

7．居民企业承担无限纳税义务，非居民企业承担有限纳税义务。（　　）

8．凡缴纳增值税、消费税的单位和个人都应缴纳城市维护建设税。（　　）

9．个人出租门店、柜台等签订的合同，无须缴纳印花税。（　　）

10．纳税人被工商行政管理机关吊销营业执照的，应当自营业执照被吊销之日起 10 日内，向原税务登记机关申报办理注销税务登记。（　　）

五、简答题

1．什么是税法？税法的构成要素有哪些？

2．简述增值税一般纳税人及小规模纳税人的认定标准。

3．简述消费税的税目及相应的计税方法。

4．简述企业所得税的征税对象及其适用税率。

5．个人所得税的征税对象包括哪些?

6．税款征收的主要方式有哪些?

六、案例题

1．兴华酒厂本月销售白酒 50 吨，取得销售收入（不含税）5 000 000 元；销售啤酒 50 吨，出厂价 3 100 元 / 吨，则本月该酒厂应该缴纳多少消费税?

2. 某市国税局某分局2017年8月20日对所管辖的大华服装厂（增值税小规模纳税人）进行检查，发现存在以下问题：

（1）2017年3月，采取开大头小尾发票手段少缴增值税2 000元。

（2）2017年4月，采取虚假申报手段少缴增值税5 000元。

（3）2017年5月，因企业计算错误等失误少缴增值税3 000元。

（4）2017年6月，赊销服装206件，每件售价200元，没有记账。

税务人员拟对该厂做如下处理：

（1）对少缴增值税行为均按偷税处理。

（2）要求企业补缴少缴的税款，并加收滞纳金。

（3）对开具大头小尾发票行为处以定额罚款800元。

问题：税务机关拟对该厂做出的处理决定是否正确？请分别简要说明理由。

第十章　经济仲裁与诉讼

一、填空题

1．仲裁是指争议双方在__________或争议发生后达成协议________________________，由仲裁机构审理裁决解决争议的一种方法。

2．仲裁机构是指___________________________，中国仲裁协会是_____________________________的自律性组织。

3．对于仲裁机构的裁决，当事人应____________，若一方当事人不按裁决书或调解书履行的，另一方当事人_________________________。

4．一般地域管辖指一般的民事诉讼案件，由_____________________管辖。

5．级别管辖是指《民事诉讼法》所规定的______________________________，我国法院系统有____________、高级人民法院、中级人民法院和__________________四个级别。

6．诉讼时效是当事人向法院起诉，请求___________________的期间。

二、单项选择题

1．解决纠纷的途径中实行地域和级别管辖的是（　　）。

A．协商　　B．调解

C．仲裁　　D．诉讼

2．对纠纷双方仅有道德约束力的是（　　）所做的调解书。

A．仲裁机构　　B．民间人士参与

C．人民法院　　D．社区调解员

3．下列选项中（　　）是仲裁机构仲裁的范围。

A．法人之间的合同纠纷　　B．家庭婚姻矛盾

C．继承纠纷　　D．交通事故纠纷

4．诉讼时效保护的是当事人的（　　）。

A．辩解权　　B．财产权

C．胜诉权　　D．请求权

5．人民法院审理民事纠纷案件程序中的基础程序是（　　）。

A．普通程序　　B．简易程序

C．特别程序　　D．审判监督程序

6．甲、乙双方在甲地就某产品质量申请仲裁，裁决后甲不执行裁决书，乙只能（　　）。

A．在甲地申请再裁　　B．在乙地申请再裁

C．在甲地人民法院申诉　　D．在甲住所地中级人民法院申请强制执行

7．当事人不履行仲裁裁决的，对方当事人向人民法院申请执行的期限是（　　）。

A．三个月　　B．六个月

C．一年　　D．二年

8．当事人申请再审应当在判决书、裁定书发生法律效力后（　　）内提出。

A．十五日　　B．三个月

C．六个月　　D．二年

9．身体受到伤害请求赔偿的诉讼时效是（　　）。

A．一年　　B．二年

C．三年　　D．二十年

10．紧急情况下申请财产保全应该在（　　）。

A．仲裁裁决后　　B．仲裁裁决中

C．诉讼中　　D．提起仲裁或申请诉讼前

三、多项选择题

1．下列解决经济纠纷的途径中，有第三人参加的是（　　）。

A．协商　　B．调解

C．仲裁　　D．诉讼

2．对当事人合法权益具有强制力保护功能的文书是（　　）。

A．和解协议　　B．民间人士主持下制作的调解书

C．法定机构制作的调解书　　D．人民法院的判决书、裁定书

3．订立仲裁协议的形式包括（　　）。

A．合同书　　B．信件

C．数据电文　　D．电话

4．仲裁协议的内容包括（　　）。

A．请求仲裁的意思表示　　B．请求诉讼的意思表示

C．仲裁事项　　D．选定的仲裁机构

5．一般的经济纠纷想通过诉讼解决应到（　　）人民法院申诉。

A．被告住所地　　B．原告住所地

C．县区级　　D．地市级

6．因合同纠纷提起的诉讼由（　　）人民法院管辖。

A．合同履行地　　B．合同签订地

C．原告住所地　　D．被告住所地

7．解决纠纷的途径中，没有上诉、再审程序的有（　　）。

A．协商　　B．调解

C．仲裁　　D．诉讼

8．诉讼时效可因（　　）而中断。

A．提起诉讼　　B．当事人一方提出要求

C．当事人一方履行义务　　D．不可抗力

9．紧急情况下申请财产保全的当事人应该向（　　）人民法院提出申请。

A．被申请人住所地　　B．申请人住所地

C．被保全财产所在地　　D．对案件有管辖权的

10．经济纠纷当事人想通过诉讼解决纠纷至少应知道（　　）。

A．一审管辖人民法院　　B．二审管辖人民法院

C．诉讼时效　　D．审判程序

四、判断题

1. 有效的仲裁协议是仲裁委员会受理案件的首要条件。（　　）
2. 当事人双方自愿是仲裁与诉讼的主要区别点之一。（　　）
3. 仲裁机构无执行权，其裁决结果无权威性。（　　）
4. 人民法院审理一般的民事纠纷案实行二审终审制。（　　）
5. 当事人在案件再审过程中应该履行已经发生法律效力的判决、裁定。（　　）
6. 因不可抗力可能引起诉讼时效的中止。（　　）
7. 诉讼时效中断的事由消除后，诉讼时效期间可连续计算。（　　）
8. 如果当事人一方不同意诉讼，另一方则无权申诉。（　　）
9. 中止、中断不适用于二十年的诉讼时效。（　　）

五、简答题

1. 解决纠纷有哪些途径？

2. 哪些纠纷可以通过仲裁解决？哪些纠纷可以通过诉讼解决？

3. 有效的仲裁协议的主要内容有哪些？

4. 诉讼时效包括哪几种类型？主要有哪些规定？

5. 了解诉讼管辖和诉讼时效对当事人有什么意义？

六、案例题

1. 2018 年 10 月 5 日是方某父亲的生日，方某从离家较近的红房子蛋糕房购买了一个生日蛋糕。生日过后第二天，方某及家中的两个孩子出现不同程度的腹泻，医院诊断为急性肠胃炎，当即住院治疗。方某及其家人认为此次病发是由食用生日蛋糕引起的，便向蛋糕房提出 2.5 万元的赔偿，蛋糕房不同意。后经工商部门多次调解，双方意见仍有较大分歧。10 月 20 日以后，方某及其家人连续十多天在客流高峰时段到蛋糕房店面门前骚扰闹事，阻拦顾客进店，并在公交车站等人流量大的地点张贴与事实不符的求助信，使得蛋糕房的正常经营及名誉都受到了影响。

问题：

（1）这起纠纷如何处理对双方都有利？

（2）方某能到人民法院起诉吗？如果能应到哪个地方的哪一级人民法院申诉？人民法院能支持方某的诉求吗？

（3）蛋糕房能够去申请仲裁吗？为什么？

（4）蛋糕房能到人民法院起诉吗？如果到人民法院起诉会有哪些诉求？

2．2011 年 7 月，杭州市人民政府曾批复同意由杭州市西湖区龙井茶产业协会（以下简称西湖龙井协会）作为主体，负责“西湖龙井”地理标志证明商标的注册和后续监管等工作，用来加强西湖龙井的保护和发展工作。2011 年 7 月 28 日，西湖龙井协会经商标局核准注册了“西湖龙井”地理标志证明商标，核定使用商品为第 30 类茶叶。2011 年 12 月，商标局登载了相关使用规则：使用西湖龙井商标的商品必须同时符合商品的采摘、加工工艺等的要求，并且需要签订合同、申请领取准用证书、申请领取商标标识、交纳管理费等事项。

2014 年 7 月 7 日，西湖龙井协会工作人员在上海市徐汇区某茶行经营的店铺购买了一份礼盒茶叶，礼盒内有两个相同的金属茶叶罐，礼盒外部纸质包装袋、礼盒及茶叶罐中央位置均印有“西湖龙井”字样，在茶叶罐内的塑料包装上亦有斜排的“西湖龍井”字样。茶叶包装上无任何生产厂商、生产日期、生产批次等信息。西湖龙井协会认为某茶行侵犯了西湖龙井协会的注册商标专用权，欲诉至人民法院，请求判令某茶行停止侵权并赔偿西湖龙井协会经济损失 5 万元。

问题：

（1）西湖龙井协会应到哪个地区的哪一级人民法院去起诉？当事人任何一方如果不服一审判决或裁定应该在什么时间内到哪一级人民法院去申诉？

（2）人民法院会支持西湖龙井协会的诉求吗？